監修 よっちゃん食品工業株式会社
レシピ開発 河瀬璃菜

JN027309

イカす!
よっちゃん
レシピBOOK

二見書房

はじめに

この本は、よっちゃんイカという名前で、子供から大人まで、多くのみなさまから愛されている駄菓子「カットよっちゃん」（以下よっちゃん）を使った、初めてのレシピブックです！

和食・洋食・多国籍料理のジャンルごとに、よっちゃんと美味しい駄菓子たちを使った、48品のレシピをご紹介します。
食材や調味料も、カンタンに手に入るものを使って、家族でも、友人でも、恋人でも、ひとりでも、楽しく作れる美味しいレシピが沢山できました！

よっちゃんって駄菓子でしょ？ よっちゃんがこんな料理になるの?? よっちゃんがこんなに美味しくなるの!?

きっと、そう思う人もいるかもしれません。
でも、よっちゃんには、駄菓子だけじゃな
い色々な可能性があるんです！

この本をきっかけに、よっちゃんを使って、
気楽に料理を作ってみてください。
その中から、きっとあなただけのステキ
なレシピが、見つかると思います。

あなたの毎日が、美味しい料理と、楽しい
時間で満たされますように！

美味しいヨ！
作ってみてネ!!

ホッド よっちゃん とは!?

この本に登場する仲間たちだヨ！

1977年の発売以降、多くのお客様に親しまれている駄菓子です。
　現在は「カットよっちゃん」「カットよっちゃんしろ」「カットよっちゃん辛口味」「カットよっちゃん甘辛味」を中心とする様々な関連商品が、全国の駄菓子屋・コンビニ・スーパーなどで流通しています。
　商品の安全性や美味しさはもちろん、高タンパク・低カロリー・低脂質という点も、老若男女を問わず、幅広い世代の多くのお客様から支持されています。

カットよっちゃん

イカと魚肉シートを食べやすくカットして、さっぱり酢味に仕上げました。

栄養成分1袋15ｇあたり（表示値目安）	
エネルギー	30kcal
タンパク質	3.6g
脂　　　質	0.3g
炭水化物	3.2g
食塩相当量	0.6g
アレルギー物質	イカ・小麦・大豆・ゼラチン

カットよっちゃん しろ

イカと魚肉シートを食べやすくカットして、酢味に仕上げました。無着色です。

栄養成分1袋15ｇあたり（表示値目安）	
エネルギー	30kcal
タンパク質	3.4g
脂　　　質	0.3g
炭水化物	3.5g
食塩相当量	0.7g
アレルギー物質	イカ・小麦・大豆・ゼラチン

カットよっちゃん 辛口味

一口サイズにカットしたイカを唐辛子で味付けしました。

栄養成分1袋8gあたり（表示値目安）	
エネルギー	24kcal
タンパク質	5.7g
脂　　　質	0.1g
炭 水 化 物	0.2g
食塩相当量	0.5g
アレルギー物質	イカ・大豆・ゼラチン

カットよっちゃん 甘辛味

一口サイズのするめシートを甘辛味に仕上げました。

栄養成分1袋10gあたり（表示値目安）	
エネルギー	35kcal
タンパク質	5.0g
脂　　　質	0.8g
炭 水 化 物	1.9g
食塩相当量	0.6g
アレルギー物質	イカ・大豆・ゼラチン

タラタラしてんじゃね〜よ

魚肉シートを豆板醤で味付けして、一口サイズにカットしました。

栄養成分1袋12gあたり（表示値目安）	
エネルギー	37kcal
タンパク質	1.9g
脂　　　質	0.4g
炭 水 化 物	6.5g
食塩相当量	1.4g
アレルギー物質	小麦・大豆・ゼラチン

タラタラカレー味

魚肉シートを一口サイズにカットして、ピリッとスパイシーなカレー味に仕上げました。

栄養成分1袋12gあたり（表示値目安）	
エネルギー	44kcal
タンパク質	2.2g
脂　　　質	0.9g
炭 水 化 物	6.5g
食塩相当量	0.7g
アレルギー物質	小麦・大豆

ウメトラ兄弟

カリカリ梅を酢漬けにしました。3個入りで食べ応え満点です。

栄養成分100gあたり（表示値目安）	
エネルギー	23kcal
タンパク質	0.8g
脂　　　質	0.2g
炭 水 化 物	4.6g
食塩相当量	7.6g
アレルギー物質	小麦・大豆

ウメトラ兄弟 ハニー

カリカリ梅をハチミツで甘酸っぱく仕上げました。3個入りで食べ応え満点です。

栄養成分100gあたり（表示値目安）	
エネルギー	26kcal
タンパク質	0.8g
脂　　　質	0.3g
炭 水 化 物	5.1g
食塩相当量	7.6g
アレルギー物質	りんご

すもも兄妹

すももを酢漬けにしました。3個入りで食べ応え満点です。

栄養成分100gあたり（表示値目安）	
エネルギー	26kcal
タンパク質	0.6g
脂　　質	0.3g
炭 水 化 物	5.1g
食塩相当量	9.9g
アレルギー物質	－

駄菓子屋よっちゃん丸

駄菓子屋レトロ風パッケージ。
魚肉を串に刺して甘辛味に仕上げました。

栄養成分1袋平均18gあたり（表示値目安）	
エネルギー	58kcal
タンパク質	2.6g
脂　　質	0.5g
炭 水 化 物	10.8g
食塩相当量	1.2g
アレルギー物質	小麦・大豆・ゼラチン

駄菓子屋まるごと酢いか

駄菓子屋レトロ風パッケージ。
イカを丸ごと串に刺して酢漬けにしました。

栄養成分100gあたり（表示値目安）	
エネルギー	226kcal
タンパク質	42.8g
脂　　質	4.6g
炭 水 化 物	3.4g
食塩相当量	3.6g
アレルギー物質	イカ・大豆・ゼラチン

よっちゃん×洋食

Let's cooking!

よっちゃん × 多国籍料理

すごいぞ！ よっちゃん レシピBOOK contents

よっちゃんの豆知識

よっちゃん×和食

よっちゃんと美味しい仲間たちを使った、和食レシピを
ご紹介します！　ご飯がすすむおかずや、お酒にあう
おつまみが沢山できました。楽しく作ってみてください！

よっちゃんと
きゅうりの酢の物

よっちゃん

和食

材料 (1人分)

カットよっちゃんしろ	………… 1袋
きゅうり	………………… 1本
しょうが	………………… 1かけ
塩	ひとつまみ
ごま油	適量
白いりごま	適量

カットよっちゃんしろ

イカす! Point

よっちゃんしろは
クセがなくて
使いやすいヨ!

作り方

1 きゅうりはうす切りにして、塩もみする。しょうがは千切りにする。

2 きゅうりの水分が出たら、しっかりと水気を切り、よっちゃん・ごま油・しょうがを混ぜ合わせて、器に盛り、白いりごまをふる。

17

よっちゃんと
大根の紅白なます

よっちゃん

材料 (1人分)

カットよっちゃん …………………… 1袋
大根 …………………………………… 1/4本
塩 …………………………………… 小さじ1
砂糖 ………………………………… 小さじ1
ゆず皮 ……………………………… 適量

カットよっちゃん

イカす! Point

よっちゃん三杯酢
は見た目も
鮮やかだネ!

作り方

1 大根は千切りにして、塩もみをする。ゆず皮は千切りにする。

2 大根の水分が出たら、しっかりと水気を切り、よっちゃん・砂糖を混ぜ合わせ、冷蔵庫で1時間ほどおく。

3 2を器に盛り、ゆず皮をちらす。

19

とろとろ卵＝ニラ＝うまい！

よっちゃんと
ニラの卵とじ丼

材料 (1人分)

ニラ	1/2束
卵	2個
ご飯	1膳
ごま油	適量
A カットよっちゃん甘辛味	1袋
水	大さじ4
めんつゆ(3倍希釈)	大さじ2

※よっちゃんは、大さじ1の酒にひたして、柔らかくしておき、ひたした酒ごと使う。

カットよっちゃん甘辛味

作り方

1 ニラはざく切りにする。卵は溶きほぐす。

2 小鍋に **A** を入れ煮立たせたら、ニラを入れて、卵の半量を回し入れる。

3 **2** が半熟状態になったら火を止め、残りの半量を回し入れる。

4 丼ぶりにご飯を盛り、**3** を乗せたら、ごま油を回しかける。

イカす! Point
よっちゃん甘辛の濃い味が食欲をそそるネ!

21

よっちゃんと
根菜のかき揚げ

材料 (2人分)

カットよっちゃん甘辛味	……… 1袋
ごぼう	……………………… 1/4本
にんじん	……………………… 1/2本
サラダ油	……………………… 適量
小麦粉	……………………… 適量

A	小麦粉	……………… 大さじ4
	水	……………………… 大さじ4
	塩	……………… ひとつまみ

※よっちゃんは、大さじ1の酒にひたして、柔らかくしておき、ひたした酒ごと使う。

カットよっちゃん甘辛味

作り方

1 ごぼうとにんじんは、千切りにする。

2 ボウルにごぼう・にんじん・よっちゃんを入れたら、小麦粉を全体的にまぶす。

3 2 に A を入れ、混ぜ合わせる。

4 170度に熱したサラダ油に、3 をスプーンですくって入れ、きつね色になるまで揚げて、器に盛る。

イカす! Point

酒にひたした
よっちゃんはひと味
ちがうヨ!

よっちゃん醤油のTKG

材料 (1人分)

ご飯……………………………………… 1膳
卵……………………………………… 1個

Aカットよっちゃん辛口味 ……1袋
　にんにく(スライス)………… 1かけ
　醤油 ………………………… 200cc
　ごま油…………………… 大さじ1

カットよっちゃん辛口味

イカす! Point

調味料としても
よっちゃんは
活躍するヨ!

作り方

1 Aを保存容器に入れ、冷蔵庫で半日
　寝かせる。

2 茶碗にご飯を盛り、卵を乗せたら、
　Aをお好みの量かける。

25

渋すぎる存在感と味に感動

よっちゃんと
にんじんの松前風

イカす! Point

よっちゃんの
食感がいい味
だしてるネ!

材料 (1人分)

カットよっちゃん甘辛味	1袋
にんじん	1/2本
切り昆布	10g

A	醤油	大さじ2
	みりん	大さじ2
	酒	大さじ2
	酢	大さじ1

カットよっちゃん甘辛味

作り方

1 にんじんは千切りにする。切り昆布
は、濡れふきんで汚れをとる。

2 ボウルに、にんじん・切り昆布・よっ
ちゃんを入れる。

3 小鍋に **A** を入れ、ひと煮立ちさせた
ら、**2** に注ぎ入れる。粗熱が取れた
らラップをして、冷蔵庫に1日おき、
器に盛る。

よっちゃん
とんぺい焼き

人カす！Point
卵とよっちゃんは
最高の組み合わせ
だヨ！

28

材料 (1人分)

カットよっちゃん甘辛味	1袋
もやし	1/2袋
キャベツ	1/8玉
塩コショウ	少々
サラダ油	適量
ソース	適量
マヨネーズ	適量
青のり	お好みで
かつおぶし	お好みで

A 卵 2個
　　塩　　ひとつまみ

※よっちゃんは、大さじ1の酒にひたして、柔らかくしておき、ひたした酒ごと使う。

カットよっちゃん甘辛味

作り方

1 キャベツはざく切りにする。卵は溶きほぐす。

2 中火で熱したフライパンにサラダ油をひき、もやし・キャベツ・よっちゃんを入れたら、塩コショウをして、野菜がしんなりするまで炒める。

3 2を取り出し、フライパンにサラダ油をひいたら、卵を入れ、半熟状態になるまで加熱して、火を止める。

4 卵の上に取り出した具材を乗せ包んだら、器に盛り、ソース・マヨネーズ・青のり・かつおぶしをかける。

イカとエビの激旨マリアージュ！

よっちゃん
ネギ塩海鮮焼きそば

よっちゃん

材料 (1人分)

焼きそば麺(蒸し) ……………… 1袋
むきエビ ……………………… 50g
七味唐辛子 ……………………… 適量
酒 ……………………………… 適量
サラダ油 ………………………… 適量

A カットよっちゃんしろ(みじん切り)
…………………………… 1袋
にんにく(すりおろし) ……… 1かけ
白ネギ(みじん切り) ………… 10cm
ごま油 …………… 大さじ1と1/2
塩 ……………………… 小さじ1/2
黒コショウ ………………… 少々

カットよっちゃんしろ

作り方

1. むきエビに、ひとつまみの塩と片栗粉を揉みこみ、水で洗い、しっかり水気を拭き取る。

2. 焼きそば麺を600wの電子レンジで加熱して、ほぐす。

3. 中火で熱したフライパンにサラダ油をひき、むきエビ・焼きそば麺を入れたら、酒を入れて、ほぐす。

4. 3に混ぜ合わせた**A**を入れ、よく混ぜ合わせたら、器に盛り、七味唐辛子をかける。

イカす！Point
きざんだよっちゃんの歯ごたえもいいネ！

31

ご飯にあうガッツリ系おかず！

よっちゃん
タルタル
チキン南蛮

イカす！ Point

よっちゃんの
酸味がタルタルに
あうヨ！

材料 (1人分)

鳥むね肉	1枚
溶き卵	1個
サラダ油	適量
小麦粉	適量

A 穀物酢 ……………………… 大さじ2
醤油 ……………………… 大さじ1
砂糖 ……………………… 大さじ1

B カットよっちゃん(みじん切り)
……………………… 1/2袋
ゆで卵(みじん切り) ……………… 1個
玉ねぎ(みじん切り) ………… 1/4個
マヨネーズ ……………… 大さじ2
塩コショウ ……………… 少々

カットよっちゃん

作り方

1 鳥むね肉は観音開きにして、両面に
塩コショウで下味をつけ、小麦粉を
うすくまぶし、溶き卵にくぐらせる。

2 中火で熱したフライパンに1cm の油
を入れ、**1** を片面4〜5分ほど揚げ
焼きにして、油を切る。

3 **2** が熱いうちに **A** をからめ、食べ
やすい大きさに切ったら、器に盛り、
混ぜ合わせた **B** をかける。

33

よっちゃん
茶漬け

材料 (1人分)

カットよっちゃん辛口味 ……1/2袋
ご飯……………………………1膳
三つ葉……………………… 適量
きざみ海苔……………… 適量
昆布茶…………………… 200cc
わさび…………………… お好みで

カットよっちゃん辛口味

イカす! Point

昆布と
よっちゃんの相性
もいいんだヨ!

作り方

1 三つ葉はざく切りにする。

2 昆布茶とよっちゃんは小鍋に入れて、ひと煮立ちさせる。

3 茶碗にご飯を盛り、**2**を注いで、三つ葉と海苔をちらす。お好みで、わさびを添える。

爽やかな塩味とイカの食感

よっちゃんと
白菜の浅漬け

よっちゃん

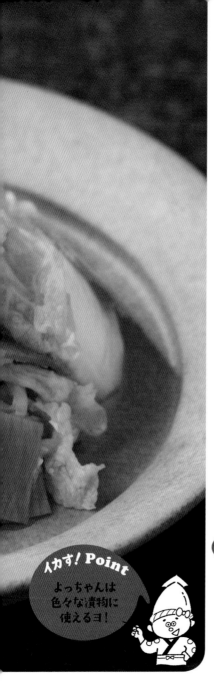

イカす! Point

よっちゃんは
色々な漬物に
使えるヨ!

材料 (作りやすい量)

カットよっちゃん辛口味 ……… 1袋
白菜……………………………1/8玉
塩…………………………… 小さじ1/2
ごま油…………………………… 適量

カットよっちゃん辛口味

作り方

1 白菜はざく切りにする。

2 ボウルに白菜・塩を入れ、混ぜ合わせ
たら、よっちゃんを加えて、密閉袋に
入れる。

3 2に重石を乗せ、冷蔵庫で2～3時間
おく。器に盛り、お好みでごま油をか
ける。

37

カンタン、美味しい、大満腹！

よっちゃんと
大根の炊きこみご飯

よっちゃん

材料 (作りやすい量)

カットよっちゃん辛口味	1袋
お米	2合
大根	1/8本
油揚げ	1枚
青ネギ	適量
A だし汁 (顆粒だし)	350cc
みりん	大さじ1
醤油	大さじ1
酒	大さじ1
塩	小さじ1/2

カットよっちゃん辛口味

イカす! Point

ダシとしても
躍するよっちゃん
だヨ!

作り方

1 大根は 5mm 幅のいちょう切りにする。油揚げは細切りにする。

2 お米を洗って水気を切ったら、青ネギ以外の具材と **A** を炊飯窯に入れて、通常炊飯する。

3 2 が炊きあがったら混ぜ合わせて、青ネギをちらす。

禁断の美味しさとビジュアル！

タラタラ
爆弾納豆

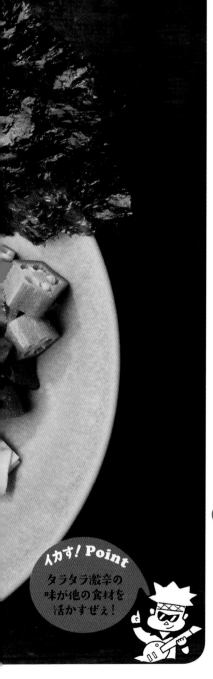

材料 (1人分)

タラタラしてんじゃね～よ
.... 1袋
納豆.. 1パック
オクラ....................................... 4本
山芋.. 50g
卵黄.. 1個
醤油.. 小さじ1
ラー油....................................... 適量
韓国のり..................................... お好みで

タラタラしてんじゃね～よ

作り方

1 オクラは板ずりをしたら、耐熱器に入れ、ラップをして、600wのレンジで30秒加熱する。

2 山芋は皮をむき、1cm角に切る。オクラは小口切りにする。

3 器に納豆・山芋・オクラ・卵黄・タラタラを乗せたら、醤油とラー油を回しかけて、お好みで韓国海苔を添える。

イカす! Point
タラタラ激辛の味が他の食材を活かすぜぇ!

41

タラタラ
釜玉うどん

材料 (1人分)

タラタラしてんじゃね〜よ
‥‥‥‥‥‥‥‥‥‥‥‥‥‥‥1袋
うどん(茹で) ‥‥‥‥‥‥‥‥‥1袋
卵黄‥‥‥‥‥‥‥‥‥‥‥‥‥‥1個
かつお節‥‥‥‥‥‥‥‥‥‥ 適量
青ネギ‥‥‥‥‥‥‥‥‥‥‥ 適量

A めんつゆ(3倍希釈) ‥‥‥ 小さじ2
　 ごま油‥‥‥‥‥‥‥‥‥ 適量

タラタラしてんじゃね〜よ

イカす! Point
麺類とタラタラの
コラボもバッチリ
だぜぇ!

作り方

1 うどんを袋の表示どおり茹でたら、
湯切りをして、器に盛る。

2 1にタラタラ・かつお節・青ネギ・
卵黄を乗せて、Aを回しかける。

タラタラ
カレーポテサラ

材料 (作りやすい量)

タラタラカレー味

　………………………………… 1袋
じゃがいも(男爵) …………… 2個
玉ねぎ…………………………… 1/2個
きゅうり ………………………… 1/2本
黒コショウ …………………… 少々
塩……………………………… 適量

A マヨネーズ ……………… 大さじ2
　オリーブオイル ………… 大さじ1
　酢 ……………………… 大さじ1
　砂糖 …………………… 小さじ1

タラタラカレー味

作り方

1 玉ねぎ・きゅうりは、うす切りで、塩もみをして水分がでたら、しっかりと水気を切る。

2 じゃがいもは、たっぷりのお湯で茹でて、熱いうちに皮をむいて、つぶす。

3 2に **A** を混ぜ合わせたら、**1** とタラタラを加え混ぜ合わせ、器に盛り、黒コショウをふる。

イカす! Point

タラタラカレーの
風味がポテトと
あうぜぇ!

45

ウメトラ
おにぎり

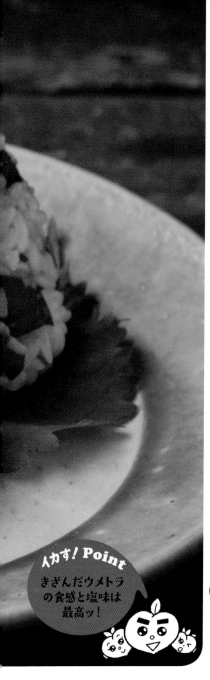

材料 (1人分)

ウメトラ兄弟	2個
ご飯	1膳
大葉	2枚
揚げ玉	大さじ1
塩	ひとつまみ

ウメトラ兄弟

イカす! Point

きざんだウメトラ
の食感と塩味は
最高ッ!

作り方

1 ウメトラは、みじん切りにする。大葉は千切りにする。

2 ご飯に全ての材料を混ぜ合わせて、にぎり、器に盛る。

梅と豚の超濃厚ミルフィーユ

ウメトラの
豚バラ肉巻き

よっちゃん

和食

イカす！ Point
豚肉とウメトラの
組み合わせで
パワーUP！

材料（2人分）

ウメトラ兄弟	3個
豚バラうす切り肉	200g
スライスチーズ	2枚
大葉	4枚
塩コショウ	少々

ウメトラ兄弟

作り方

1 ウメトラは、みじん切りにする。スライスチーズは半分に切る。

2 豚バラうす切り肉に塩コショウをして、大葉・スライスチーズ・ウメトラを、等分に乗せて巻く。

3 中火で熱したフライパンで、**2**の巻き終わりを下にして、こんがりと焼き色がつくまで焼き、器に盛る。

49

ウメトラと
鳥肉のつくね

材料 (2人分)

ごま油	……………………………	適量
青ネギ	……………………………	適量
かつお節	…………………………	適量

A ウメトラ兄弟(みじん切り)	……	2個
鳥ひき肉	………………………	200g
白ネギ(みじん切り)	…………	10cm
片栗粉	…………………	小さじ1
しょうが(すりおろし)	………	1かけ
塩コショウ	…………………	少々

ウメトラ兄弟

イカす! Point

ウメトラの塩味と
食感で鳥肉の
旨さ倍増!

作り方

1. **A**を粘り気が出るまで混ぜ合わせたら、一口大に丸める。

2. 中火で熱したフライパンにごま油をひき、**1**をきつね色になるまで焼く。

3. **2**を器に盛り、かつお節・青ネギをちらす。

51

映える見た目と楽しい歯ごたえ♥

すもも大根

イカす! Point

甘酸っぱい
すもも味がいい
アクセントでしゅ!

材料 (2人分)

すもも兄妹	2個
大根	1/8本
マヨネーズ	大さじ2
塩	小さじ1/2
かつお節	適量
かいわれ大根	適量

すもも兄妹

作り方

1 すももは、みじん切りにする。大根
は千切りにして、塩もみをする。か
いわれ大根は根を切る。

2 大根の水分が出たら、しっかりと水
気を切り、かいわれ大根・すもも・
マヨネーズとあえて、器に盛り、か
つお節をちらす。

よっちゃん × 洋食

よっちゃんと洋食ってアリなの！？　そう思う人もいるか
もしれません。でもアリなんです！　よっちゃんと美味
しい仲間たちが、オシャレな洋食に生まれ変わります！

爽やか酸味とシャクシャク食感！

よっちゃん
コールスロー

よっちゃん

洋食

材料 (作りやすい量)

カットよっちゃん	1袋
キャベツ	200g
コーン	大さじ1
塩	小さじ1/2
A マヨネーズ	大さじ1
マスタード	小さじ1
砂糖	小さじ1
黒コショウ	少々

カットよっちゃん

イカす! Point

サラダの具と
しても活躍する
よっちゃん!

作り方

1 キャベツは千切りにして、塩もみを
する。

2 キャベツの水分が出たら、しっかり
と水気を切り、**A** と全ての材料を混
ぜ合わせ、器に盛る。

よっちゃんの
トマトアボカド
あえ

よっちゃん

洋食

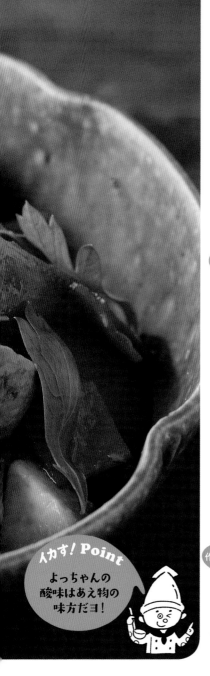

材料 (1人分)

カットよっちゃん	1袋
トマト	1/2個
アボカド	1/2個
イタリアンパセリ	お好みで

A オリーブオイル	小さじ2
はちみつ	小さじ1
めんつゆ(3倍希釈)	小さじ1

カットよっちゃん

イカす! Point

よっちゃんの
酸味はあえ物の
味方だヨ!

作り方

1 トマトは、くし切りにする。アボカドは皮をむき、タネを取って、2cm角に切る。

2 ボウルに全ての材料を入れ、**A**と混ぜ合わせたら、器に盛り、イタリアンパセリをちらす。

よっちゃんの
アスパラバター
炒め

材料 (1人分)

カットよっちゃん甘辛味	1袋
アスパラ	4〜5本
バター	10g
にんにく	1かけ
塩コショウ	少々
レモン	お好みで

※よっちゃんは、大さじ1の酒にひたして、柔らかくしておき、ひたした酒ごと使う。

カットよっちゃん甘辛味

作り方

1 アスパラは根元をピーラーでむき、5cm幅の斜め切りにする。にんにくは、みじん切りにする。

2 中火で熱したフライパンにバターを溶かし、にんにくを香りが立つまで炒めたら、アスパラ・よっちゃんを入れて、さっと炒める。

3 2に塩コショウをして、器に盛ったら、お好みでくし切りにしたレモンを添える。

表ザクサク！中ふわふわ！！

よっちゃん
コロッケ

よっちゃん

材料 (2人分)

カットよっちゃん甘辛味	1袋
じゃがいも	2個
玉ねぎ	1/4個
バター	10g
溶き卵	1個
塩	ひとつまみ
サラダ油	適量
小麦粉	適量
パン粉	適量
A 塩	小さじ1/2
砂糖	小さじ1/2
黒コショウ	少々

※よっちゃんは、大さじ1の酒にひたして、柔らかくしておき、ひたした酒ごと使う。

カットよっちゃん甘辛味

作り方

1 じゃがいもは、たっぷりのお湯で茹でて、熱いうちに皮をむいて、つぶす。玉ねぎは、みじん切りにする。

2 中火で熱したフライパンにバターを溶かし、玉ねぎと塩をひとつまみ入れて、しんなりするまで炒めたら、よっちゃん・**A**を入れ、炒め合わせる。

3 **1**と**2**を混ぜ合わせたら、小判型に丸め、全体に小麦粉をうすくつけて、溶き卵をからめ、パン粉をつける。

4 170度に熱した油に**3**を入れ、きつね色になるまで揚げて、器に盛る。

イカす！Point
よっちゃん甘辛の風味がジャガイモとあうヨ！

みんな大好き！純喫茶の

よっちゃん
オムライス

イカす！Point
甘い味付けの
料理で光る
よっちゃんの風味！

材料 (1人分)

カットよっちゃん甘辛味	1袋
ピーマン	1/2個
玉ねぎ	1/4個
にんじん	1/4本
ご飯	1膳
塩コショウ	少々
ケチャップ	適量
サラダ油	適量

A 溶き卵	2個
塩	ひとつまみ

※よっちゃんは、大さじ1の酒にひたして、柔ら
かくしておき、ひたした酒ごと使う。

カットよっちゃん甘辛味

作り方

1　ピーマンはヘタとタネを取り、みじん
　切りにする。玉ねぎとにんじんは皮
　をむき、みじん切りにする。

2　中火で熱したフライパンにサラダ油
　をひき、玉ねぎ・にんじん・ピーマン・
　塩コショウを入れて、しんなりするま
　で炒める。

3　2にご飯とよっちゃんを入れ、よく
　混ぜ合わせたら、器にとる。

4　中火で熱したフライパンにサラダ油
　をひき、**A**を流し入れ、半熟状態に
　なったら、火を止める。

5　4に3を乗せて包んだら、器に盛り、
　ケチャップをかける。

よっちゃん
チャウダー

よっちゃん

材料（作りやすい量）

カットよっちゃん辛口味	1袋
あさり缶詰	1缶
じゃがいも	1個
にんじん	1/2本
玉ねぎ	1/2個
バター	20g
水	400cc
牛乳	200cc
小麦粉	大さじ1
塩コショウ	少々
パセリ	適量

カットよっちゃん辛口味

作り方

1 玉ねぎは、みじん切りにする。じゃがいも・にんじんは皮をむき、1cm角に切る。

2 中火で熱したフライパンでバターを熱し、玉ねぎ・にんじん・じゃがいも・塩を、ひとつまみ入れて炒める。

3 2に小麦粉を入れ、粉っぽさがなくなるまで炒めたら、水・あさり缶（汁ごと）・よっちゃんを入れ、ひと煮立ちさせて、弱火で10分加熱する。

4 3に牛乳を加え、塩コショウで味を調えたら、器に盛り、パセリをちらす。

イカす！Point

濃厚チャウダーとよっちゃんの相性もいいネ！

パスタ×よっちゃんのミラクルコラボ！

よっちゃん
ペペロンチーノ

イカす！Point

ベーコンの代わりにもなる万能よっちゃん！

材料（1人分）

カットよっちゃん辛口味	1袋
パスタ	100g
にんにく	1かけ
輪切り唐辛子	1本分
キャベツ	2枚
オリーブオイル	大さじ2
めんつゆ（3倍希釈）	小さじ1
塩コショウ	少々

※よっちゃんは、大さじ1の酒にひたして、柔らかくしておき、ひたした酒ごと使う。

カットよっちゃん辛口味

作り方

1 にんにくは、みじん切りにする。キャベツは、ざく切りにする。

2 パスタは、たっぷりのお湯に塩を入れ（1Lに対して塩10g）、袋の記載どおりに茹でる。

3 中火で熱したフライパンにオリーブオイルをひき、にんにく・輪切り唐辛子を香りが立つまで炒めたら、**2**の茹で汁をお玉一杯入れて、乳化させる。

4 キャベツ・よっちゃん・茹であがったパスタ・めんつゆを入れて、混ぜ合わせ、器に盛る。

よっちゃん
リゾット

材料 (1人分)

カットよっちゃん辛口味	1袋
ブロッコリー	50g
粉チーズ	大さじ1
バター	10g
玉ねぎ	1/4個
ご飯	1膳
水	400cc
牛乳	200cc
塩コショウ	少々

カットよっちゃん辛口味

作り方

1 玉ねぎは、みじん切りにする。ブロッコリーは、粗みじん切りにする。

2 中火で熱した小鍋にバターを溶かし、玉ねぎと塩をひとつまみ入れて、しんなりするまで炒めたら、水・よっちゃん・ご飯・ブロッコリーを入れ、ひと煮立ちさせて、弱火で7〜8分加熱する。

3 2に牛乳・粉チーズを入れて、弱火で2〜3分加熱したら、塩コショウで味を調え、器に盛る。

イカす! Point
よっちゃんの
旨味が溶け出して
美味しいヨ!

73

よっちゃん
洋風ちらし
寿司

材料 (1人分)

カットよっちゃんしろ	1袋
ご飯	1膳
スモークサーモン	30g
アボカド	1/2個
ブラックオリーブ	2個
オリーブオイル	小さじ1
塩	ひとつまみ
白ごま	適量
A マヨネーズ	大さじ1
わさび	小さじ1/3

カットよっちゃんしろ

イカす！Point

お魚とよっちゃんの
組み合わせは
バッチリ！

作り方

1 よっちゃんは、みじん切りにする。アボカドは皮をむいて、タネを取り、1cm角に切る。

2 ご飯によっちゃん・オリーブオイル・白ごま・塩を混ぜ合わせる。

3 2を器に盛り、スモークサーモン・アボカド・ブラックオリーブを乗せたら、**A**をかける。

タラタラ
ナポリタン

よっちゃん

洋食

材料 (1人分)

タラタラしてんじゃね〜よ	1袋
パスタ	100g
ピーマン	1個
玉ねぎ	1/4個
バター	5g
塩コショウ	少々
粉チーズ	適量
オリーブ油	適量
A ケチャップ	大さじ3
ウスターソース	大さじ1

タラタラしてんじゃね〜よ

作り方

1 パスタは、たっぷりのお湯に塩を入れ（お湯 1L に対して塩 10g）、袋の記載どおりに茹でる。茹であがったらざるに入れ、オリーブ油をなじませる。

2 ピーマンは、5mm 幅の細切りにする。玉ねぎはうす切りにする。

3 中火で熱したフライパンにオリーブ油をひき、2 とタラタラを入れ、塩コショウをして炒める。

4 3 の具材をフライパンの奥に寄せ、A を入れてソースを炒めるように熱してから、具材と混ぜ合わせる。

5 4 にパスタを入れてよく炒め合わせたら、バターを加えて全体になじませ、器に盛り、粉チーズをかける。

イカす! Point
タラタラの風味と食感が刺激的だぜぇ！

タラタラ＆チーズでオシャレに変身！

タラタラ
クリームチーズ
のディップ

イカす! Point

タラタラとチーズの
濃厚さにシビれる
ぜぇ!

材料 (1人分)

タラタラしてんじゃね~よ
......................................1袋
クリームチーズ 40g
醤油 小さじ1
七味唐辛子 .... 適量
バゲット .... 適量
パクチー .... お好みで

タラタラしてんじゃね~よ

作り方

1 タラタラは、みじん切りにする。パクチーは、ざく切りにする。

2 クリームチーズは、600wのレンジで30秒加熱する。

3 ボウルにバゲット・パクチー以外の材料を入れ混ぜ合わせたら、バゲットの上に乗せて、器に盛り、パクチーをちらす。

79

タラタラ
ドライカレー

よっちゃん

洋食

材料 （1人分）

タラタラカレー味	1袋
ご飯	1膳
玉ねぎ	1/2個
にんじん	1/2本
ピーマン	1/2個
にんにく	1かけ
しょうが	1かけ
醤油	大さじ1
バター	10g
温泉卵	1個
塩	少々
パセリ	適量

タラタラカレー味

作り方

1 ピーマンはヘタとタネを取り、みじん切りにする。玉ねぎ・にんじん・にんにくは皮をむいて、みじん切りにする。しょうがは、みじん切りにする。

2 中火で熱したフライパンにバターを溶かし、にんにく・しょうがを香りが立つまで炒めたら、玉ねぎ・にんじん・ピーマン・塩を、ひとつまみ入れて炒める。

3 2にタラタラ・ご飯を加えて、炒め合わせたら、醤油を回しかける。

4 3を器に盛り、パセリをちらして、温泉卵を乗せる。

イカす! Point

タラタラは
肉にも負けない
具材だぜぇ!

81

ウメトラ
ツナパスタ

入かす! Point

ウメトラの塩味が
パスタの旨味を
UP！

材料 （1人分）

ウメトラ兄弟	2個
ツナ缶	1缶
パスタ	100g
大葉	2～3枚

A

にんにく（すりおろし）	1かけ
ごま油	大さじ1
めんつゆ（3倍希釈）	小さじ2

ウメトラ兄弟

作り方

1 ウメトラは、みじん切りにする。大葉は千切りにする。

2 たっぷりのお湯に塩を入れ（お湯 1L に対して塩 10g）、パスタを袋の記載どおりに茹でる。

3 茹であがったパスタをボウルに入れ、合わせた A・ツナ缶（オイルごと）・ウメトラを混ぜ合わせて、器に盛り大葉をちらす。

甘酸っぱさがたまらない万能ソース

すもも
タルタル
グリルチキン

イカす! Point

すももの甘味が
美味しいタルタル
でしゅ!

材料 (1人分)

鳥ささみ	3本
オリーブオイル	大さじ1
塩コショウ	少々

A すもも兄妹(みじん切り) ……… 2個
　ゆで卵(みじん切り) …………… 1個
　マヨネーズ ………………… 大さじ2
　塩コショウ ………………… 少々

すもも兄妹

作り方

1 鳥ささみは筋を取り、塩コショウ、オリーブオイルであえる。

2 中火で熱したフライパンで、1 をこんがりと焼き色がつくまで焼く。

3 2 を器に盛り、合わせた A をかける。

よっちゃん × 多国籍料理

よっちゃんと美味しい仲間たちが、色々な国の料理に大変身★ 駄菓子は味の国境を越えて、美味しい料理でみんなを笑顔にするために、今日もあなたを待っています！

ほどよい辛みと酸味がクセになる！

よっちゃん
もやしキムチ

材料 (2人分)

カットよっちゃん辛口味	1袋
もやし	1袋
キムチ	50g
塩コショウ	少々
ごま油	適量
白ごま	適量

※よっちゃんは、大さじ1の酒にひたして、柔らかくしておき、ひたした酒ごと使う。

カットよっちゃん辛口味

作り方

1 キムチは、ざく切りにする。

2 もやしは耐熱ボウルに入れ、ふんわりとラップをして、600wの電子レンジで2分加熱する。

3 2の水分を捨て、よっちゃん・キムチ・ごま油・塩コショウを入れて混ぜ合わせたら、器に盛り、白ごまをふる。

イカす! Point

よっちゃんの
酸味と食感が
やみつきだヨ!

コリアンタウンの空気を感じる一品

よっちゃん
チーズチヂミ

材料 (2人分)

カットよっちゃん甘辛味	1袋
シュレッドチーズ	30g
ニラ	1/2束
A 小麦子	60g
片栗粉	40g
卵	1個
水	100cc
鳥ガラスープの素	小さじ2
塩	ひとつまみ

※よっちゃんは、大さじ1の酒にひたして、柔らかくしておき、ひたした酒ごと使う。

カットよっちゃん甘辛味

作り方

1 ニラはざく切りにする。

2 ボウルに **A** を入れて、よく混ぜ合わせる。

3 2にニラ・よっちゃん・シュレッドチーズを入れて、混ぜ合わせる。

4 中火で熱したフライパンにごま油をひき、**3**を流し入れ、フタをして5分加熱して、きつね色になったら、ひっくり返す。

5 **4**にごま油を回し入れ、フタをせずに中火で3〜4分ほど加熱したら、食べやすい大きさに切って、器に盛る。

イカす! Point

よっちゃんは
立派な海鮮の
具材だヨ!

よっちゃん
にんにく
チャーハン

材料 (1人分)

カットよっちゃん	1袋
白ネギ	10cm
にんにく	1かけ
しょうが	1かけ
サラダ油	大さじ1
醤油	小さじ2
青ネギ	適量
A ご飯	1膳
卵	1個
鳥ガラスープの素	小さじ1

カットよっちゃん

イカす! Point

お肉の代わりにもなるよっちゃんの食感!

作り方

1 白ネギ・にんにく・しょうがは、みじん切りにする。

2 中火で熱したフライパンにサラダ油をひき、白ネギ・にんにく・しょうがを、香りが立つまで炒める。

3 2に混ぜ合わせたAを入れ、パラパラになるまで炒めたら、醤油を回しかけ、よっちゃんを混ぜ合わせて、器に盛り、青ネギをちらす。

イカのエキスがあふれ出る絶品中華！

よっちゃん
イカ汁
餃子

材料（作りやすい量）

カットよっちゃん甘辛味	1袋
豚ひき肉	120g
キャベツ	1/8個
ニラ	1/6束
餃子の皮	25枚

A ごま油	大さじ1
しょうが(すりおろし)	小さじ2
黒コショウ	小さじ1
砂糖	小さじ1
塩	小さじ1
鳥ガラスープの素	小さじ1

※よっちゃんは、大さじ1の酒にひたして、柔らかくしておき、ひたした酒ごと使う。

カットよっちゃん甘辛味

作り方

1 ボウルに、豚ひき肉・よっちゃん・**A** の調味料を加え混ぜる。

2 キャベツ・ニラをみじん切りにして、**1** と混ぜる。

3 餃子の皮の半分に水をつけ、**2** の餡を入れて包む。

4 中火で熱したフライパンにごま油をひき、フライパンに餃子を並べて、焦げ目がついたら、熱湯（100cc）を入れ、フタをして蒸し焼きにする。

5 水分が飛んだらフタを取り、ごま油を回し入れ、3～4分加熱し、余分な油をキッチンペーパーなどで拭きとって、器の上にひっくり返す。

イカす！ Point

よっちゃんの旨辛イカエキスが絶品だヨ！

優しい風味と喉ごしに癒されます♨

よっちゃん
中華粥

イカす！ Point

魚介の旨味が
溢れるよっちゃん
パワー！

材料 （1人分）

カットよっちゃん辛口味	1袋
ご飯	1膳
水	500cc
鳥ガラスープの素	小さじ1
塩	少々
ごま油	適量
三つ葉	適量
しょうが(すりおろし)	適量

※よっちゃんは、大さじ1の酒にひたして、柔ら
かくしておき、ひたした酒ごと使う。

カットよっちゃん辛口味

作り方

1 ご飯と水をミキサーに入れて、軽くか
くはんさせる。

2 1を小鍋にうつし、よっちゃん・鳥ガ
ラスープの素を入れて、ひと煮立ちさ
せたら、弱火で7〜8分加熱する。

3 2にしょうがを入れて混ぜ合わせ、塩
で味を調え、ごま油を回しかけて、三
つ葉をちらす。

99

よっちゃん
生春巻き

イカす! Point

よっちゃんの酸味と
食感で元気
モリモリ！

材料 (1人分)

カットよっちゃん ……………… 1袋
水菜 ……………………………… 1/2束
アボカド ………………………… 1/4個
黄色パプリカ …………………… 1/4個
ライスペーパー ………………… 3枚

A マヨネーズ ……………… 大さじ1
　 スイートチリソース …… 小さじ2

カットよっちゃん

作り方

1. 水菜は、ざく切りにする。アボカドは皮をむいてタネを取り、縦に切る。黄色パプリカは千切りにする。

2. ぬるま湯にライスペーパーをひたして、キッチンペーパーで水気を切る。

3. 2 に 1 の具材とよっちゃんを、等分に乗せて巻き、食べやすい大きさに切ったら、器に盛り、A を添える。

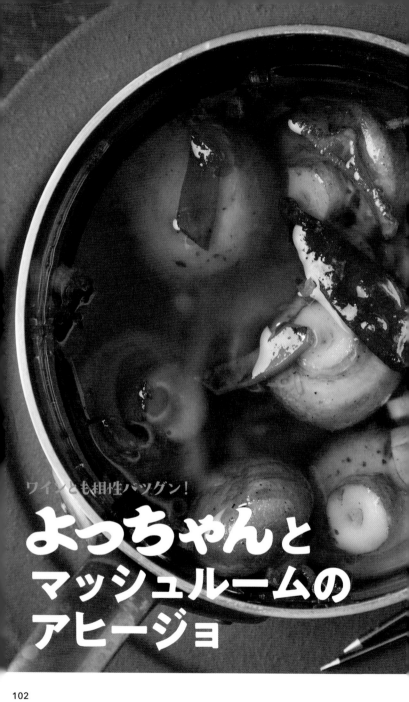

ワインとも相性バツグン！

よっちゃんと
マッシュルームの
アヒージョ

イカす! Point

お酒がすすむ
よっちゃんの香り
と旨味!

材料 (1人分)

カットよっちゃん甘辛味	………1袋
マッシュルーム	……………8個
青ネギ	…………………… 適量

A にんにく(みじん切り) ……… 1かけ
　鷹の爪(輪切り)………………… 1本
　塩 …………………ひとつまみ
　黒コショウ ………………… 少々
　オリーブオイル(マッシュルームがひた
　るくらい) ………………… 適量

※よっちゃんは、大さじ1の酒にひたして、柔ら
かくしておき、ひたした酒ごと使う。

カットよっちゃん甘辛味

作り方

1 小鍋に A・よっちゃん・マッシュルー
ムを入れたら、弱火で10分加熱する。

2 1に火がとおったら、青ネギをち
らす。

よっちゃん
まるごと酢いかの
トマトピラフ

材料 （作りやすい量）

まるごと酢いか（串から外す）	·······2本
トマト	·······1個
玉ねぎ	·······1/4個
にんにく	·······1かけ
米	·······2合
コンソメ	·······1個
水	·······350cc
オリーブオイル	·······大さじ1
粉チーズ	·······大さじ1

まるごと酢いか

作り方

1 玉ねぎは皮をむきみじん切りに、にんにくはみじん切りに、トマトはざく切りにする。

2 米を洗い、ザルにあげて、水気を切る。

3 炊飯釜に、オリーブオイルと粉チーズ以外の、全ての材料を入れて、通常炊飯する。

4 3が炊きあがったら、オリーブオイル・粉チーズを入れて、混ぜ合わせ、器に盛る。

イカす！Point

イカそのものを味わえる豪快な見た目と味！

105

チーズの海で航海する巨大船！

よっちゃん丸と
じゃがいもの
チーズグラタン

材料 (2人分)

よっちゃん丸(串から外す)	10本
じゃがいも	2個
玉ねぎ	1/2個
しめじ	1/2株
牛乳	400cc
シュレッドチーズ	50g
バター	10g
小麦粉	大さじ2
味噌	小さじ1
塩コショウ	少々
パセリ	適量

よっちゃん丸

作り方

1. じゃがいもは皮をむき、千切りにする。玉ねぎは皮をむき、うす切りにする。しめじは、石づきを切る。

2. 中火で熱したフライパンにバターを溶かし、玉ねぎ・しめじ・じゃがいも・塩コショウを入れて、しんなりするまで炒める。

3. 2に小麦粉を入れ、粉っぽさがなくなるまで炒めたら、牛乳・味噌を溶かし入れ、とろみをつける。

4. 耐熱器に3とよっちゃん丸を交互に重ね、シュレッドチーズをかけたら、220度のトースターで焼き色がつくまで焼き、パセリをちらす。

イカす! Point

料理の美味しい
生地になる
よっちゃん丸!

タラタラ
豆苗ナムル

材料 （1人分）

タラタラしてんじゃね～よ
‥‥‥‥‥‥‥‥‥‥‥‥‥‥‥‥‥‥‥‥ 1袋
豆苗‥‥‥‥‥‥‥‥‥‥‥‥‥‥‥‥‥‥‥‥ 1袋
にんにく（すりおろし）‥‥‥‥‥‥ 1かけ
塩‥‥‥‥‥‥‥‥‥‥‥‥‥‥‥‥‥‥‥‥‥ 少々
ごま油‥‥‥‥‥‥‥‥‥‥‥‥‥‥‥‥‥‥ 適量

タラタラしてんじゃね～よ

作り方

1 豆苗は根を切り、ざく切りにしたら、耐熱ボウルに入れ、ふんわりとラップをかけて、600wの電子レンジで90秒加熱する。

2 1にタラタラ・にんにく・ごま油を入れ混ぜ合わせて、塩で味を調えて、器に盛る。

イカす！Point
タラタラはシンプルな組み合わせでもOK！

コクのある旨味が溶け出す奇跡のスープ

タラタラ豆腐
サンラータン

材料（作りやすい量）

タラタラしてんじゃね～よ	1袋
溶き卵	1個
豆腐（絹）	1/2丁
水溶き片栗粉	大さじ1
ラー油	適量
パクチー	適量

A 水	600cc
しょうが（すりおろし）	1かけ
鳥ガラスープの素	大さじ1
酢	大さじ1
醤油	小さじ1
塩	ひとつまみ

タラタラしてんじゃね～よ

作り方

1 豆腐は食べやすい大きさに切る。

2 小鍋にAを入れ、ひと煮立ちさせたら、豆腐・タラタラを入れて、弱火で5～6分加熱する。

3 2に溶き卵を回し入れ、固まったら火を止めて、水溶き片栗粉を入れて、とろみをつける。

4 3を器に盛り、ラー油を回しかけて、パクチーをちらす。

イカす! Point
酸っぱい料理でも
タラタラは
活きるぜぇ!

Let's TaraTara
Party Time!

タラタラ
カレーパエリア

材料 （作りやすい量）

タラタラカレー味	2袋
有頭えび	4尾
赤・黄パプリカ	各1/4個
アスパラ	2本
お米	1合
にんにく	1かけ
白ワイン	200cc
水	200cc
塩	ひとつまみ
レモン	適量
オリーブオイル	適量

タラタラカレー味

作り方

1 にんにくは、みじん切りにする。パプリカは、くし切りにする。アスパラは根本をピーラーでむき、5cm幅の斜め切りにする。

2 中火で熱したフライパンに、オリーブオイルをひき、にんにくを香りが立つまで炒めたら、有頭えびを入れて炒める。

3 2に白ワイン・タラタラを入れて煮立たせたら、エビを取り出し、水と米と塩を入れフタをして、弱火で12分加熱する。

4 3の火を止め、全ての具材を乗せたら、フタをして10分蒸らす。お好みで、くし切りのレモンを添える。

イカす! Point
海鮮とタラタラの
コラボも最高
だぜぇ！

カリトロ食感がウマすぎる！

タラタラカレー
チーズトースト

114

イカす! Point

ファイヤーした
タラタラも
絶品だぜぇ!

材料 (作りやすい量)

タラタラカレー味 ……………… 1袋
食パン(6枚入り) ……………… 1枚
スライスチーズ ……………… 1枚
マヨネーズ ……………… 大さじ2
パセリ ……………… 適量

タラタラカレー味

作り方

1 タラタラは、みじん切りにして、マヨネーズとあえる。

2 食パンに**1**を塗り、スライスチーズを乗せたら、200度のトースターで5分加熱して、器に盛り、パセリをちらす。

懐かしいママの味が
美味しい！うれしい！！

ウメトラ
あんこパイ

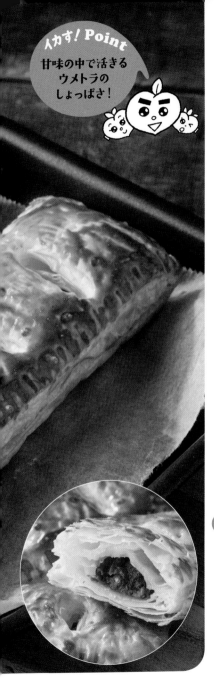

イカす! Point
甘味の中で活きる
ウメトラの
しょっぱさ!

材料 (作りやすい量)

ウメトラハニー	3個
冷凍パイシート	2枚
あんこ	40g
卵黄	適量

ウメトラハニー

作り方

1 ウメトラハニーは、みじん切りにする。

2 冷凍パイシートを縦半分に切り、あんことウメトラを2等分に乗せたら、端に卵黄を塗り、もう半分のパイシートをかぶせて、端をフォークで押さえる。

3 2をクッキングシートを敷いたオーブン皿に並べ、表面に卵黄を塗ったら、200度に余熱したオーブンで、15分加熱する。

ちょっと大人な贅沢スイーツ♥

すももと梅酒の
パウンドケーキ

材料 （作りやすい量）

すもも兄妹	3個
溶き卵	2個
ホットケーキミックス	200g
バター	100g
砂糖	50g
梅酒	大さじ4

すもも兄妹

作り方

1 すももは、みじん切りにする。常温に戻したバター・砂糖をボウルに入れて、混ぜ合わせる。

2 **1**に溶き卵を少しずつ入れ、混ぜ合わせたら、梅酒（大さじ2）をいれる。

3 **2**にすもも・ホットケーキミックスを入れて、混ぜ合わせる。

4 クッキングシートを敷いたパウンド型(17cm×8cm)に**3**を流し入れ、空気を抜いたら、180度に余熱したオーブンで、40分加熱する。

5 **4**に刷毛で梅酒（大さじ2）を塗り、器に盛る。

イカす! Point

甘いスイーツにもバッチリなすももでしゅ！

よっちゃんの豆知識

よっちゃんの知られざる秘密や、よっちゃんが生まれた
ときの懐かしいお話を、ちょっとだけご紹介します！
よっちゃんのことが、もっと好きになるかもしれません！

よっちゃんの
ことを
学ぶのじゃ！

よっちゃんの 誕生秘話

　1959年、よっちゃん食品工業の創業者・金井芳雄（愛称よっちゃん）当時26歳が、食品としてほとんど価値のなかったイカゲソを安価で仕入れ、健康に良く保存もできる酢漬けにして、独特な味付けをして、加工したのが始まりです。

　このユニークな発想をもとに開発したのが、よっちゃん食品工業のいしずえとなった「よっちゃんのす漬いか」です。

　発売当時は、ひざ踊りの名人を起用した「♪あら、よっちゃんのす漬いか～、するめじゃないよ、す漬いか！　よっちゃんの～す漬いか～♪」というフレーズの、テレビCMも話題となりました。

　また、金井社長が数多くのテレビ番組などのメディアで取り上げられ、「よっちゃんのす漬いか」やよっちゃん食品工業の知名度が高くなっていきました。

　そして、1977年に発売された、独特の酸っぱい味付けと柔かい食感を活かした商品が「カットよっちゃん」です。

　食の安全・安心を守るために、原材料・製造・加工・保管まで、全ての工程で衛生的な品質管理を行うことで、駄菓子やおつまみとして、長年にわたり子供から大人まで、全国のお客様に愛されつづけています。

※資料提供／よっちゃん食品工業

豆知識 2

カット よっちゃん の作り方

よっちゃんが生まれて、お客様のところへ
届けられるまでの道のりをご紹介します！

start!

イカ釣り

裁断

122

工場
入荷

酢漬け

123

オッパ よっちゃん の生みの親！

金井芳雄会長あいさつ

日頃は格別のご愛顧をたまわり、心よりお礼を申し上げます。

1959年の創業以来、半世紀以上にわたり、よっちゃん食品工業はお客様に育てていただきながら、今日にいたります。

刻一刻と変化する市場情勢の中で「安心・安全」を念頭に、老若男女幅広い層のお客様に喜んでいただき、いつも身近に感じられるような商品を、開発・製造・供給しつづけることに、社員一丸となって取り組んでおります。

今後も"お客様に喜んでいただける商品作り"を目指して、お客様と共に成長し発展してまいります。

みなさまには、今後とも格別のご支援とご愛好をたまわりますよう、よろしくお願い申し上げます。

よっちゃん食品工業創業者
代表取締役会長
金井芳雄（よっちゃん）

staff

レシピ開発・スタイリング	河瀬璃菜
調理・フードコーディネート	釜 美貴
写 真	大島 彩
イラスト	村田エリー
デザイン	清水 肇 (Prigraphics)

でかけろ! よっちゃん レシピBOOK

2021 年 3 月 25 日　初版発行

監 修	よっちゃん食品工業 株式会社
発行所	株式会社 二見書房
	東京都千代田区神田三崎町 2 - 18 - 11
	電話　03-3515-2311【営業】
	03-3515-2313【編集】
	振替　00170-4-2639

| 印 刷 | 株式会社 堀内印刷所 |
| 製 本 | 株式会社 村上製本所 |